DÉJALO IR

DÉJALO IR

PARA ENCONTRAR LA PAZ Y EL GOZO INTERIOR

FRANÇOIS FÉNELON

WHITAKER
HOUSE
Español

DÉJALO IR
Para encontrar la paz y el gozo interior

François Fénelon

ISBN: 979-8-88769-264-7
eBook ISBN: 979-8-88769-265-4
Impreso en los Colombia
© 2024 por François Fénelon

Esta edición de Whitaker House ha sido actualizada para el lector moderno. Se han revisado palabras, expresiones, y estructuras gramaticales para una mayor claridad y fluidez.

Traducción al español por:
Belmonte Traductores
www.belmontetraductores.com

Edición: Henry Tejada Portales

Whitaker House
1030 Hunt Valley Circle
New Kensington, PA 15068
www.whitakerhouse.com

1 2 3 4 5 6 7 8 9 10 11 〔LLI〕 31 30 29 28 27 26 25 24

ÍNDICE

INTRODUCCIÓN

Fue Henry Van Dyke quien dijo: "El *ego* es la única prisión que puede atar el alma". Todos los cristianos que quieren tomarse en serio el vivir una vida cuyo centro es Cristo, anhelan ser libres de esa atadura. La intensidad de la batalla que se produce en el corazón de incontables cristianos es un testimonio de la gran necesidad que tenemos de aprender a dejar ir nuestras vidas egoístas y llenas de pecado, para convertirnos en las nuevas criaturas que Jesús quiere que seamos.

Las cartas recopiladas en este libro fueron escritas originalmente por François de Salignac de La Mothe-Fénelon, el Arzobispo de Cambrai, Francia, durante el siglo XVII. Mientras ocupaba el cargo de arzobispo, Fénelon tuvo la oportunidad de convertirse en el consejero espiritual de un pequeño número de personas sinceras de la corte de Luis XIV, que buscaban, bajo la sabia dirección de Fénelon, vivir una vida de verdadera espiritualidad en medio del estilo de vida descaradamente inmoral de la corte. Durante el periodo que se relacionó con esas personas tuvo mucho tiempo para escribirles, animándoles a perseverar en la carrera hacia la meta de la perfección cristiana.

Para cumplir su propósito de revelar al lector la sabiduría espiritual, los consejos y las convicciones de un verdadero gigante espiritual, este libro debería leerse como si fuera un devocional. Debe leerse despacio. El ajetreo y la prisa de nuestra vida moderna no nos facilitan caminar al ritmo del devocional, que "no es más rápido que un paseo". Solemos hojear los periódicos y las revistas rápidamente, pero en la lectura devocional todo nuestro ser (no solo nuestro intelecto) debe acallarse y estar receptivo, abierto y expectante.

Plantéate acudir a este libro principalmente para buscar entrar en comunión con este amigo de Dios, y no para exponer tu mente a ideas y conceptos. Mediante la lectura de este libro aprenderemos a los pies de un gran santo con la esperanza de llevarnos, por contagio, algo de su comunión cercana e íntima con Dios.

Estas cartas en particular fueron publicadas anteriormente bajo el título *Cartas espirituales*, una traducción de Mildred Whitney Stillman. Después de leerlas, se decidió que una paráfrasis moderna ayudaría a los cristianos del sigo XXI a entender el mensaje con mayor claridad. La obra ha pasado por las manos de varios de los miembros de nuestro equipo editorial antes de tomar la forma presente. Lanzamos este mensaje con la oración de que capacite a más cristianos para alcanzar fortaleza y victoria en sus vidas.

—Dr. Robert E. Whitaker Sr. (1928-2012)
Fundador de Whitaker House

CARTA 1

LAS VENTAJAS DE LA HUMILDAD

Con frecuencia oro a Dios para que te sostenga en la palma de su mano. Si recuerdas mantener un espíritu humilde y obediente, Él ciertamente lo hará. La humildad es buena en todo tipo de situaciones porque produce en nosotros ese espíritu enseñable que hace que todo sea fácil. Y precisamente tú serías más culpable que muchos otros si opusieras resistencia al Señor en este punto. Y es que, por un lado, el Señor te ha enseñado mucho acerca de cuán importante es hacerse como un niño; y, por otro, pocas personas han tenido una experiencia más adecuada para humillar el corazón y destruir la confianza en uno mismo. Lo bueno que surge de experimentar cualquier tipo de debilidad personal es comprender que Dios quiere que seamos modestos y obedientes. Por lo tanto, ¡que el Señor te guarde!

CARTA 2

CÓMO LIDIAR PACÍFICAMENTE CON EL SUFRIMIENTO

Acerca de nuestro amigo, es mi oración que Dios le dé una confianza sencilla que le produzca paz. Cuando nos aseguremos de dejar ir instantáneamente todas nuestras preocupaciones innecesarias y pensamientos de inquietud (es decir, pensamientos egocéntricos en lugar de pensamientos de amor enfocados en los demás), entonces nos encontraremos rodeados de paz, incluso en medio del camino recto y estrecho. Estaremos caminando en la libertad y la paz de los hijos de Dios, sin carecer de relaciones saludables con Dios o con los hombres.

Los consejos que doy a los demás de buena gana los aplico a mí mismo, porque estoy convencido de que debo buscar mi propia paz en esa misma dirección. Incluso en este momento mi alma sufre, pero soy consciente de que una vida egoísta es lo que nos causa dolor: aquello que está muerto no sufre. Si realmente estuviéramos muertos y nuestra vida estuviera "escondida con Cristo en Dios" (ver Colosenses 3:3), ya no lucharíamos con esos dolores en nuestro espíritu que ahora nos afligen. Por lo tanto, debemos aprender a lidiar con todo tipo de sufrimientos sin perder la compostura; incluso aquellos que llegan a nosotros sin que sea culpa nuestra. Sin embargo, también debemos ser conscientes de esa inquietud de nuestro espíritu que sí podría ser culpa nuestra. Podemos añadir peso a la cruz que Dios nos ha dado para que carguemos al resistirnos y no estar dispuestos a sufrir. Eso es, sencillamente, evidencia de la vida egoísta que aún queda dentro de nosotros.

Debemos recibir la cruz que viene de Dios sin importarnos nuestro bienestar. Cuando aceptas tu cruz de ese modo, aunque es doloroso, comprobarás que puedes tener paz al cargarla; sin embargo, cuando recibes tu cruz de mala gana, verás que te costará el doble cargarla. ¡La resistencia del interior es más difícil de cargar que la propia cruz! Pero, si reconoces la mano de Dios y no te opones a su voluntad, tendrás paz en medio de la aflicción. ¡Verdaderamente dichosos quienes son capaces de lidiar con sus sufrimientos con esta paz sencilla y sumisión perfecta a la voluntad de Dios! No hay nada mejor para acortar y aliviar el sufrimiento que un espíritu que no ofrece resistencia.

Sin embargo, normalmente queremos negociar con Dios. Nos gustaría, por lo menos, sugerir algunos límites para poder ver el final de nuestros sufrimientos. No nos damos cuenta de lo mucho que obstaculizamos los propósitos de Dios cuando adoptamos esta actitud. Porque el obstinado apego a una vida que hace necesaria la cruz en primer lugar también tiende a rechazar esa cruz, al menos en parte. Por eso tenemos que recorrer el mismo terreno una y otra vez.

Terminamos sufriendo en gran manera, pero sin propósito. Que el Señor nos libre de caer en ese estado del alma en el que las cruces no nos benefician. Según Pablo, en 2 Corintios 9:7, Dios ama al dador alegre. ¡Ah! ¡Y cuánto más no amará a aquellos que, con una entrega alegre y total, se rinden completamente para ser crucificados con Cristo!

CARTA 3

LA BELLEZA DE LA CRUZ

Me asombra el poder que recibimos a través del sufrimiento. Sin la cruz no valemos nada. Por supuesto que tiemblo y agonizo mientras dura, y todas mis palabras sobre los beneficios del sufrimiento se esfuman bajo su tortura. Sin embargo, cuando todo ha terminado, miro atrás a esa experiencia con un profundo agradecimiento y me avergüenza de haberla soportado con tanta amargura. ¡Estoy aprendiendo mucho de mi propia necedad!

Por eso, sin tener en consideración las aflicciones que está experimentando tu amiga, bendita sea por permanecer tan callada bajo la mano de Dios. Si muere, irá *al* Señor; si vive, vivirá *por* Él.

El reino de Dios comenzó en el Calvario. La cruz era una necesidad. Cuando nosotros tomamos la cruz de Jesús y la cargamos por amor a Él, su reino ha comenzado en nosotros. Debemos estar satisfechos con cargar esa cruz durante el tiempo que sea su voluntad. Tú necesitas la cruz igual que yo, y el fiel dador de todo buen don los distribuye a cada uno de nosotros con sus propias manos. ¡Bendito sea su nombre! ¡Todas las cruces que nos entrega son por nuestro bien!

CARTA 4

MORIR A UNO MISMO

No puedo expresarte cuán profundamente empatizo contigo en este tiempo de sufrimiento. Sufro a tu lado; pero, aun así, me anima saber que Dios te ama.

Y la prueba de que Dios te ama es que Él no te saca de esa situación, sino que te entrega la cruz de Jesucristo. Todo conocimiento o sentimientos espirituales que podamos tener son un delirio si no nos conducen a la práctica real y constante de morir a nosotros mismos. Y es cierto que no morimos sin sufrimiento. Tampoco es posible considerarnos muertos de verdad mientras alguna parte de nosotros todavía esté viva. Esta muerte espiritual (la cual es, realmente, una bendición disfrazada) es innegablemente dolorosa. Penetra "hasta partir el alma y el espíritu, y discierne los pensamientos y las intenciones del corazón", mostrándonos cómo somos realmente. El gran Médico, que ve en nosotros lo que nosotros mismos no podemos ver, sabe exactamente dónde colocar el bisturí. Él quita aquello que estamos más reacios a entregar, ¡y cómo duele! Pero debemos recordar que el dolor solo se siente cuando hay vida, y allí donde hay vida es donde la muerte es necesaria. Nuestro Padre no pierde el tiempo cortando partes que ya están muertas. No me malinterpretes: Él quiere que tengas una vida en abundancia, pero eso solo puede ocurrir si le permites a Él que corte en esa parte de tu carne que se aferra tercamente a la vida. No esperes que Dios lidie con esos deseos vulgares y malvados a los que renunciaste para siempre cuando te entregaste a Él. Esa parte de ti ya está muerta. En cambio, Él lidiará con las partes de ti que todavía sigan vivas. Incluso podría poner a prueba tu fe con restricciones y pruebas de todo tipo.

¿Deberías resistirte? ¡Por supuesto que no! ¡Debes aprender a soportarlo todo! La muerte a uno mismo debe ser voluntaria, y solo puede conseguirse en la medida en que tú mismo lo permitas. Cualquiera que se resista a la muerte y rechace sus avances demuestra que no está dispuesto a morir. Debes estar dispuesto a rendirte a la voluntad de Dios cuando Él decida quitar todas las cosas de las que hayas dependido. A veces tendrás que renunciar incluso a tus amigos más espirituales, si te has vuelto dependiente de ellos. "¿A qué temes, hombre de poca fe?".

¿Temes que Él no pueda suplir de su misma esencia la ayuda que Él puede quitarte a nivel humano? ¿Y por qué iba a quitar Él la ayuda humana si no es para suplir esa necesidad con su misma esencia, y purificarte a través de esa lección tan dolorosa?

Sé cuán confinado estás, pero estoy convencido de que Dios quiere completar su obra en ti arrebatándote todos los recursos humanos. Él es un Dios celoso, y quiere que entiendas que lo que está a punto de hacer en ti lo habrá hecho Él solo; nadie más.

Por lo tanto, ríndete ante sus planes. Date permiso a ti mismo para ser guiado donde Él quiera llevarte, y ten cuidado de no buscar ayuda de tus amigos si Dios lo está prohibiendo.

Tus amigos solo pueden darte lo que Él les da para ti. ¿Por qué preocuparte por los riachuelos secos cuando los ríos de agua viva están disponibles?

CARTA 5

LA PAZ SE OBTIENE A TRAVÉS DE LA SENCILLEZ Y LA OBEDIENCIA

Aprende a cultivar la paz. Puedes hacerlo aprendiendo a hacer oídos sordos a tus propios pensamientos ambiciosos. ¿Acaso no has aprendido todavía que los esfuerzos de la mente humana no solo perjudican la salud del cuerpo, sino que también causan sequedad al alma? De hecho, es posible consumirse por demasiadas luchas internas, ¡y sin ningún beneficio! Una mente inquieta puede destruir tu paz y bondad interior. ¿Crees que Dios puede susurrar tierna y suavemente, con esa voz que derrite el alma, en medio de tanta confusión interna como la que permites a través de ese interminable y apresurado desfile de pensamientos que pasan por tu mente? Quédate quieto, y pronto lo escucharás. Lo único en lo que debes concentrarte es en ser escrupulosamente obediente.

Has estado pidiendo consuelo y paz, pero no entiendes que ya has sido guiado hasta la fuente, pero te niegas a beber. No encontrarás paz y consuelo si no es en la obediencia sencilla. Por lo tanto, sé fiel en obedecer incluso cuando no entiendas, y pronto verás que los ríos de agua viva fluirán como Dios prometió. Recibirás de acuerdo con la medida de tu fe: mucho, si crees mucho; nada, si no crees en nada y sigues haciendo caso a tus propios pensamientos de preocupación.

Deshonras el significado del amor cristiano cuando supones que un hombre que realmente ama a Dios podría alguna vez preocuparse por estas cosas sin importancia que continuamente luchan por tu atención. El amor cristiano acude directamente a Dios con una sencillez que es pura, sabiendo que esas dificultades no son un problema para Él. Satanás es el que nos atormenta con trivialidades, y con frecuencia se transforma en un ángel de luz, molestándonos con una introspección interminable y una conciencia demasiado sensible que no nos permite tener paz. Estoy seguro de que sabes por experiencia propia de los problemas y peligros espirituales que Satanás puede causar sobre ti de este modo. Pero puedes tener victoria. Todo depende de tu fidelidad al reprender sus primeros avances.

Si aprendes a ser sincero y sencillo en cuanto a tus deseos, creo que agradarás más a Dios que si sufrieras cien martirios. Si hay algo que debería preocuparte son tus propias dudas a la hora de ofrecer un sacrificio tan agradable a los ojos de Dios. ¿Puede acaso dudar el amor verdadero cuando se le pide que agrade a su amado?

CARTA 6

LA VERDADERA FUENTE DE PAZ SE ENCUENTRA AL RENDIR NUESTRA VOLUNTAD

Vive en continua paz, pero entiende que la paz no depende del fervor de tu devoción. Lo único que debe preocuparte es la dirección de tu voluntad.

Entrega eso a Dios sin reservas. La pregunta importante no es qué tan religioso o devoto eres, sino ¿está tu voluntad en armonía con la de Dios? Confiesa tus fallos con humildad. Aprende a estar separado del mundo y completamente rendido ante Dios. Ámalo más que a ti mismo y su gloria más que a tu vida. Entonces, Dios derramará sobre ti ese amor especial que solo sus hijos conocen, y te dará su paz.

CARTA 7

LA VERDADERA BONDAD SOLO SE ALCANZA A TRAVÉS DEL ABANDONO

Las circunstancias malas se transforman en algo bueno cuando se reciben con una confianza que persevera en el amor de Dios, mientras que las circunstancias buenas podrían transformarse en malas cuando nos apegamos demasiado a ellas por el amor a uno mismo. Nada en nuestro interior o a nuestro alrededor es verdaderamente bueno hasta que nos separamos del mundo y nos abandonamos completamente a Dios. Por eso, aunque ahora estés en estas malas circunstancias, ponte en manos de Dios confiadamente y sin reservas. Daría lo que fuera por verte en mejores circunstancias, pero si las malas circunstancias te han enseñado a hartarte del amor del mundo, eso es bueno. Ese amor egoísta por el que el mundo aboga es mil veces más peligroso que cualquier veneno. Elevo mi oración por ti con todo mi corazón.

CARTA 8

"EL CONOCIMIENTO ENVANECE; LA CARIDAD EDIFICA"

Me alegró recibir tu carta y ver que compartes conmigo tan abiertamente y con sinceridad todo lo que ha estado ocurriendo en tu espíritu. Nunca dudes en escribirme lo que creas que Dios quiere que escribas.

No me sorprende en absoluto que tengas grandes ambiciones de avanzar en las cosas espirituales y que desees conocer de cerca a cristianos de renombre. Al ego le halaga ganarse la estima de los demás siendo muy religioso, y busca eso activamente. ¡Oh, cuánto cuidado debemos tener con nuestras motivaciones! Tanto el progreso que hacemos en nuestra vida cristiana como los amigos cristianos que conocemos pueden surgir de la motivación equivocada si simplemente estamos gratificando nuestro ego. Nuestra meta debería ser morir a los placeres aduladores del amor al ego. Nuestro objetivo no debería ser la grandeza sino la humildad. Debemos aprender a amar el estar en el anonimato y despreciar nuestros méritos para que nuestro único interés sea glorificar a Dios.

Podemos escuchar un sinfín de sermones sobre el crecimiento cristiano y familiarizarnos por completo con el lenguaje, pero también podríamos estar más lejos que nunca de conseguirlo. Nuestro gran objetivo debería consistir en hacer oídos sordos a nuestro ego, escuchar calladamente a Dios, renunciar a cada ápice de orgullo y dedicarnos a vivir. Aprendamos a hablar menos y hacer más sin importar si otros nos ven o no.

Dios puede enseñarnos más que incluso el cristiano más experimentado. Él puede enseñarte mejor que todos los libros que existen en el mundo, pero cuida tus motivaciones en esta ansiosa búsqueda del conocimiento. Eres consciente de que lo único que necesitamos es ser pobres en espíritu y no conocer más que a Cristo crucificado, ¿verdad? Aunque saberlo todo nos haga sentir importantes, lo que realmente es necesario para fortalecer el carácter cristiano es el amor. Por lo tanto, no te conformes con menos. Por supuesto, no pienses que sea posible que el amor de Dios y el derrocamiento del ego solo se puedan alcanzar mediante la adquisición de conocimiento. Ya tienes más conocimiento del que puedes usar. Harías mejor en poner en práctica lo que ya sabes. ¡Oh! Nos engañamos a nosotros mismos cuando suponemos que estamos creciendo en gracia porque nuestra vana curiosidad recibe gratificación mediante la iluminación de nuestro intelecto. Deberíamos ser humildes y entender que no podemos recibir del hombre los dones de Dios. El amor de Dios solo podemos recibirlo a través de Jesús.

CARTA 9

NO DEBEMOS ESCOGER EL MODO EN QUE LLEGARÁN NUESTRAS BENDICIONES

Creo que sabes lo que Dios requiere de ti. La pregunta es: ¿lo harás? Entiendes que tu amor por el ego es la causa de la lucha que tienes con la voluntad de Dios. Entonces, ahora lo que debes decidir es lo siguiente: ¿permitirás que el orgullo y las ambiciones egoístas te impidan hacer lo que Dios, en su misericordia, quiere que hagas? Te preocupas por pensamientos que entran y salen de tu mente, y te angustias por muchos detalles en los que ni siquiera deberías estar pensando. ¿Por qué no te preocupas tanto por tu continua resistencia al Espíritu Santo? ¿Se debe esta resistencia continua a que Él no te ha dado lo que quieres de modo que halagara a tu ego?

¿Qué importa si recibes los dones de la gracia de la misma forma que los mendigos reciben pan? Los dones en sí no son menos puros o preciosos. Dios ama una humildad como la de los mendigos y se deleita en ayudar a personas que tienen esa misma actitud. ¿Acaso no es de ese modo como te deshaces del ego, humillándote ante Dios y confesando que sin Él no puedes hacer nada? ¿Acaso no es la humildad un instrumento de Dios que te hace tener fe en Él en lugar de en ti mismo? ¿Acaso no es así como mueres a la vida egoísta en tu interior? Y si no, ¿qué esperas conseguir entonces con toda tu lectura acerca del amor puro y tus devocionales frecuentes? ¿Cómo puedes leer aquello que te condena hasta lo más profundo de tu alma? Debes entender que estás bajo la influencia del orgullo egoísta cuando rechazas los regalos de Dios solo porque no encajan con lo que te gusta. Es difícil para mí entender cómo puedes orar con una actitud como esa. ¿Qué te está diciendo Dios en lo profundo de tu alma? Él solo pide la muerte, y lo único que tú deseas es la vida. ¿Cómo puedes orar pidiendo su gracia con la condición de que Él la envíe por un canal que no requiera ningún tipo de sacrificio por tu parte? ¿Acaso es correcto esperar que Dios ministre a favor de la gratificación del orgullo egoísta?

CARTA 10

EL DESCUBRIMIENTO DEL EGO Y SU MUERTE

¡Sí, estoy contento de que me llames padre! Porque ciertamente lo soy; y siempre lo seré. Lo único que necesitas es más seguridad de que te amo como un padre, y esa seguridad la tendrás cuando tu corazón haya sido liberado del cautiverio del amor egoísta. Cuando nos encerramos en nosotros mismos, sin duda nos confinamos; pero cuando salimos de esa prisión y entramos en la inmensidad de Dios y la libertad de sus hijos, somos verdaderamente libres.

Aunque parezca extraño decirlo, me gozo en que Dios te haya reducido a un estado de debilidad. No se puede convencer al ego ni forzarlo a que se someta por ningún otro medio. Siempre encuentra líneas secretas de suministro en su propia valentía; siempre descubre retiros impenetrables en su propio ingenio. Estuvo oculto mientras se alimentaba del veneno sutil de una aparente generosidad mientras te sacrificabas constantemente por otros, pero ahora Dios lo ha forzado a gritar con fuerza, a salir a la luz y mostrar sus celos excesivos. ¡Oh, cuán dolorosos, pero también cuán beneficiosos, son estos tiempos de debilidad! Mientras quede amor al ego, siempre tendremos miedo a que se descubra. Sin embargo, Dios no se da por vencido mientras permanezca en los rincones más oscuros de nuestro corazón el más mínimo indicio de su presencia. Dios lo persigue; y, con algún golpe lleno de misericordia, lo fuerza a salir a la luz. En ese momento, el problema se convierte en la cura. El amor al ego, cuando es forzado a salir a la luz, se ve a sí mismo como es realmente, con toda su deformidad, desesperación y vergüenza. En un momento las ilusiones halagadoras de su vida egoísta se disipan. Dios pone delante de sus ojos a su ídolo: el yo. Al ver ese espectáculo, no puedes quitarle los ojos de encima, ni tampoco puedes *esconderlo* de los demás.

Sacar a la luz el amor al ego de esta forma, habiéndole quitado la máscara, es el castigo más humillante que se puede recibir. En ese momento dejas de ver al yo como sabio, prudente, educado, compuesto y valiente por sacrificarse por los demás. Ya no es el viejo amor al ego que se alimentaba de la creencia de que no necesitaba nada y lo merecía todo. Llora de rabia por haber llorado y no se puede calmar; rechaza todo consuelo porque su carácter venenoso ha sido descubierto. Se ve a sí mismo como ingenuo, maleducado e imprudente, y se ve forzado a mirar a la cara a su propio semblante. Dice, juntamente con Job: *Porque el temor que me espantaba me ha venido, y me ha acontecido lo que yo temía* (Job 3:25). Pues aquello que más teme será su destrucción.

No tenemos necesidad de que Dios ataque en nosotros aquello que está muerto y no responde (lo que está vivo es lo único que debe morir). Nada más importa, así que podrás ver por qué me alegro de tu debilidad. Esto es lo que necesitas: ver a tu ego derrotado, sensible, impuro, habiendo sido revelada su verdadera naturaleza. Ahora, lo único que debes hacer —sin hablar— es mirarlo tal cual es. En el momento en que puedas hacer eso, el ego desaparecerá.

Pediste un remedio para que tus problemas pudieran ser curados. No necesitas ser curado; necesitas ser abatido. Deja de buscar un remedio y permite que llegue la muerte. Esta es la única manera de lidiar con el ego; sin embargo, ten cuidado con esa valentía amarga que decide no aceptar ningún remedio, ya que esto mismo puede convertirse en sí en un remedio disfrazado, brindando algún tipo de satisfacción y consuelo a tu ego. No busques ningún consuelo en el amor propio, y no ocultes la enfermedad. Destápalo todo con simplicidad y santidad, y luego déjalo morir.

Entiende que esto no se logra con ningún esfuerzo por tu parte. Cuando finalmente veas al ego tal y como es, la debilidad se convertirá en tu única posesión. La fortaleza ni siquiera es una opción, y si la tuvieras, solo haría que la agonía fuera más larga y angustiante. Si mueres por debilidad y cansancio, morirás con más rapidez y menos violentamente. Una vida que muere debe ser necesariamente dolorosa. La bondad es una crueldad para aquel que está siendo torturado hasta la muerte. Lo único que anhela es ese golpe fatal, y no comida ni sustento. De hecho, si fuera posible debilitarlo aún más y acelerar su muerte, estaríamos acortando su sufrimiento. Pero no podemos hacer nada; solamente la mano que lo ató a esa tortura puede dar ese golpe fatal que lo liberará.

Por lo tanto, no pidas remedios o sustento. Ni siquiera pidas la muerte. Pedir la muerte es impaciencia; y pedir comida o remedios es solamente prolongar la agonía. ¿Qué haremos entonces? No hagas nada. No busques nada. No te aferres a nada. Simplemente confiésalo todo, no como un medio para obtener alivio sino por el humilde deseo de rendirte a Jesús.

Aunque yo sea tu padre en el Señor, no me veas como una fuente de vida. Prefiero que me consideres un medio para morir a tu amor propio. Porque, así como los instrumentos quirúrgicos no cumplirían su propósito si no fueran de servicio a la vida, un instrumento de muerte no sería tal si, en lugar de matar, mantuviera con vida. Por el momento, yo seré ese instrumento de muerte. Si parezco duro, insensible, indiferente, despiadado, despegado, molesto y desdeñoso, Dios sabe cuán lejos está eso de la verdad. Pero Él me permite parecer de ese modo. Y seré mucho más útil para ti en este personaje falso e imaginario que si mostrara mis verdaderos sentimientos y mi deseo muy humano de ayudar. Lo importante no es cómo te mantendrás con vida, sino cómo te rendirás y morirás.

CARTA 11

VER NUESTRAS IMPERFECCIONES NO DEBERÍA ROBARNOS LA PAZ

Hay algo en tu sufrimiento que es muy sutil, y tal vez te resulte difícil entenderlo. Porque, aunque estás convencido de que tu interés principal es la gloria de Dios, en lo más profundo de tu ser es el viejo yo el que te causa tantos problemas. Yo veo el problema de este modo: creo que realmente quieres que Dios sea glorificado en tu vida, pero piensas que eso se logrará siendo más y más perfecto. Y, al hacer eso, sigues pensando en tu propia valía personal. Por lo tanto, si realmente obtuvieras beneficios del descubrimiento de tus imperfecciones, sugeriría dos cosas. Primeramente, nunca intentes justificarte ante Dios. Y, en segundo lugar, no te condenes. En lugar de eso, ¿por qué. no dejar tus imperfecciones delante de Dios con humildad? Y si en ese momento hay cosas que no comprendes acerca de su voluntad, simplemente dile que estás dispuesto a amoldar tu voluntad a la de Él en todos los aspectos. Después, ve en paz. Pues debes entender que la paz es la voluntad de Dios para ti en toda situación. De hecho, hay una paz mental que hasta los incrédulos deberían experimentar cuando Dios los despierta al arrepentimiento. Y todas las lágrimas de arrepentimiento deberían ir acompañadas de paz y consuelo. Recuerda las preciosas palabras que alguna vez te deleitaron: que el Señor no estaba en el ruido y la confusión, sino en el silbo apacible y delicado (ver 1 Reyes 19:11-12).

CARTA 12

VIVIR POR LA CRUZ Y POR FE

Todos los días tenemos cruces que cargar, pero yo he aprendido a disfrutar de la amargura que producen. Y es bello saber que hasta la cruz más pesada puede cargarse con paz en el corazón. Sin embargo, puede haber momentos en los que te parezca que ni siquiera tienes la fuerza para soportarla o para arrastrarla; lo único que puedes hacer es caer bajo su peso, abrumado y agotado. Oro para que Dios te guarde todo lo posible al administrarte tu sufrimiento. No es que Dios se deleite en vernos sufrir, pero Él sabe que lo necesitamos igual que necesitamos nuestro pan diario. Y solo Dios sabe lo mucho que necesitamos cumplir sus propósitos en nuestra vida. Por lo tanto, lo que debemos hacer es vivir por fe y vivir por la cruz, con la seguridad puesta en que Dios, con su verdadera compasión, nos da nuestras pruebas en proporción a la cantidad de fuerzas que ha puesto en nuestro interior. Aunque no podamos ver físicamente cómo sucede eso, creemos que es cierto. Las pruebas y la fortaleza para superarlas se reparten en la misma medida. Vivir por esta clase de fe requiere el nivel más profundo de muerte a uno mismo.

CARTA 13

DESESPERARNOS POR NUESTRAS IMPERFECCIONES ES UN OBSTÁCULO MAYOR QUE LA PROPIA IMPERFECCIÓN

No te preocupes en exceso por tus defectos. En cambio, concéntrate en tener un amor incesante por Jesús; y por haber amado mucho, se te perdonará mucho (ver Lucas 7:47). Sin embargo, debemos estar atentos a la tendencia a buscar la satisfacción y las emociones egoístas del amor (que son subproductos del amor), en lugar del amor en sí mismo. Es muy fácil engañarnos a nosotros mismos con respecto a este asunto. Podemos llegar a concentrarnos tanto en el amor, que perdemos por completo su objetivo. Como dice San Francisco de Sales, estamos más ocupados con el amor que con el Amado. Si Jesús fuera el único objetivo de nuestro amor, estaríamos concentrados solamente en Él. Pero cuando nos preocupamos por obtener una seguridad constante de su amor, en cierta medida seguimos centrados en el ego.

Cuando vemos nuestros defectos a través del espíritu de Jesús, con la paz que eso conlleva, esos defectos se desvanecen ante la majestad de su amor. Sin embargo, cuando nos concentramos en nuestros defectos, olvidando que Jesús nos ama, nos inquietamos, se interrumpe la presencia de Dios, y el fluir del amor de Dios se ve obstaculizado. Con frecuencia, la humillación que sentimos por nuestros propios defectos puede ser una falta más grave que el defecto en sí mismo si nos impide experimentar la totalidad del amor de Dios. Por lo tanto, no te dejes atrapar por lo menos importante. No seas como alguien que conocí hace poco, quien leyó la vida de uno de los santos y al compararla con su propia vida, se enojó tanto que renunció por completo a una vida cristiana de devoción. Sé que este no será tu caso.

Cuando recibo tus cartas, puedo ver cuán fielmente has vivido por la abundancia de paz y libertad que se percibe en tus escritos. Mientras más paz y libertad tienes, más cerca pareces estar de Dios.

CARTA 14

LA FE PURA MIRA SOLAMENTE A DIOS

No te preocupes por el futuro. No tiene sentido preocuparse si Dios te ama y te ha cuidado. Sin embargo, cuando Dios te bendiga, recuerda mantener tus ojos fijos en Él y no en la bendición. Disfruta de tus bendiciones día a día, como los israelitas disfrutaron del maná, pero no intentes guardar las bendiciones para el futuro. Hay dos características muy peculiares de la fe pura: ve a Dios detrás de todas las bendiciones y obras imperfectas que tienden a ocultarlo;[1] y mantiene al alma en un estado de suspenso continuo. La fe parece que nos mantiene

---

1. El ojo del hombre que mira en un espejo,
   En él podría fijar sus ojos:
   O, si lo prefiere, mirar a través de él,
   Y así vislumbrar el cielo.
—Herbert

La fe pura no ve al prójimo que consigue hacernos daño ni a la enfermedad que ataca nuestro cuerpo. Eso sería el equivalente en esta cita de Herbert a mirarse en el espejo. Y cuando miras el espejo, verás mil fallos e imperfecciones que te frustrarán, pero la fe no mira al espejo; mira a través de él y descubre a Dios, y aquello que Dios permite que la fe pueda aceptar con alegría. —El editor

constantemente en el aire, siempre con la incertidumbre de lo que ocurrirá en el futuro; y sin poder nunca poner un pie en tierra firme. Pero la fe está dispuesta a dejar que Dios actúe con la libertad más perfecta, sabiendo que le pertenecemos y que solo debemos preocuparnos por ser fieles en aquello que Él nos ha dado para hacer por el momento. Esta dependencia permanente, esta tranquilidad oscura y ciega del alma ante la completa incertidumbre del futuro, es un verdadero martirio que se produce silenciosamente y sin ninguna agitación. Es el modo que tiene Dios de llevarnos a una muerte lenta del ego. El final llega de modo tan imperceptible, que muchas veces pasa desapercibido para el que sufre y para aquellos que ni siquiera saben que está sufriendo.

Algunas veces, en esta vida de fe, Dios apartará de ti sus bendiciones. Pero recuerda que Él sabe cómo y cuándo reemplazarlas, ya sea a través del ministerio de otros o por sí mismo. Él puede levantar hijos hasta de las piedras (ver Mateo 3:9; Lucas 3:8).

Come, entonces, tu pan diario sin preocuparte por el mañana. Mañana habrá tiempo suficiente para pensar en las cosas que traerá el mañana. El Dios que te da de comer hoy es el mismo Dios que te dará de comer mañana. Dios se encargará de que vuelva a caer maná del cielo en medio del desierto, antes de que a sus hijos les falte nada.

CARTA 15

NUESTRO CONOCIMIENTO
NOS IMPIDE LLEGAR A SER SABIOS

Vive en paz, mi querida jovencita, sin preocuparte por el futuro, pues solo Dios sabe si tienes futuro en este mundo; tal vez no sea así. De hecho, ni siquiera puedes decir que el día de hoy es tuyo. El cristiano debe vivir el día de hoy con todas sus horas de acuerdo con los planes de Dios, que es el verdadero dueño del día.

Sigue adelante con el bien que estás haciendo, ya que te inclinas en esa dirección, y estoy seguro de que conseguirás hacerlo; sin embargo, cuídate de las distracciones y del deseo de hacer demasiadas cosas a la vez. Sobre todo, sé fiel al momento presente, haciendo una cosa cada vez, y recibirás toda la gracia que necesites.

Estoy seguro de que entiendes que no basta meramente con estar separada del mundo, ya que podemos separarnos del mundo y estar orgullosos de ello; por lo tanto, debemos poner mucha atención en ser humildes. Quiero que veas con claridad la diferencia entre estas dos cosas. Al separarnos, renunciamos a las cosas externas del mundo, pero cuando nos esforzamos por ser humildes y modestos estamos tratando con el yo interior. Debemos dejar atrás toda sombra de orgullo. No puedes imaginar cuán peligroso es el orgullo, especialmente si es el orgullo de la sabiduría y la moralidad que parece tan correcto y bueno.

Debemos adoptar una postura de humildad en toda situación. Nunca debemos presumir de nosotros mismos, en particular de nuestra bondad y fortaleza especial. He dicho esto porque creo que estás dependiendo demasiado de tus propias fuerzas, tu propio altruismo y tu propia rectitud. Lo que debes ver es que esas cosas no son tuyas; son de Dios.

De los niños podemos aprender una lección. Los niños no son dueños de nada. Tratan del mismo modo una manzana y un diamante. Sé tú como un niño. No tengas nada tuyo (¡todo le pertenece a Dios igualmente!). Olvídate de ti, cede en toda ocasión, y deja que hasta el más pequeño sea más grande que tú.

Cuando ores, que tus oraciones sean sencillas, llenas de amor, y que broten del corazón. Eso es mucho mejor que las oraciones refinadas que solo salen de la cabeza.

En los momentos de escasez, meditación profunda y silencio del alma ante Dios es cuando aprenderás más. Es ahí donde aprenderás a renunciar a tu propio espíritu egoísta y a amar la humildad, el anonimato, la debilidad y la sumisión. Estas cosas, que el mundo tanto desprecia, son las maestras de todas las verdades. El conocimiento humano es solamente un obstáculo.

CARTA 16

DEBEMOS AMAR Y RECIBIR A QUIENES NOS HACEN DAÑO COMO SI FUERAN LA MANO DE DIOS

Por supuesto que empatizo contigo en todas tus dificultades, pero no puedo hacer otra cosa por ti excepto orar para que Dios te dé consuelo. Tienes mucha necesidad del poder del Espíritu Santo, para sostenerte en este tiempo de dificultades y para refrenarte en tu deseo natural de buscar una salida.

Con respecto a la carta en la que hablabas de tu contexto familiar, creo que deberías dejar este asunto en las manos de Dios y pedirle que tenga misericordia de quien quiere hacerte daño. Siempre me di cuenta (o creía que me había dado cuenta) de que eras muy sensible en ese asunto. Pero recuerda que cuando Dios trata con el problema del ego, siempre ataca el problema en el lugar donde está la debilidad. Todo el mundo sabe que si quiere matar a alguien, no comienza golpeando el cabello o las uñas. No, dirige su ataque a los órganos vitales como el corazón o el cerebro. Ahora bien, cuando Dios ataca en nosotros el problema del ego, siempre toca el punto más tierno, aquel que está más lleno de vida. Y muchas de las cruces que Dios distribuye están diseñadas para colocarse sobre las áreas más sensibles de la vida de nuestro ego. Aunque el proceso de esta experiencia es humillante, lo mejor para ti es que te permitas ser humillado. Estar callado y en paz al ser humillado son las manifestaciones de que Jesús está en tu alma.

También quisiera advertirte de la tentación de "aparentar humildad". Es muy fácil hablar como si fuéramos muy humildes solo porque queda bien, pero es mucho mejor ser humilde y no decir nada al respecto. ¡La humildad que puede hablar debe ser vigilada de cerca! El viejo yo recibe mucho consuelo de lo que se dice a sí mismo.

No te molestes por lo que la gente diga de ti. Deja que el mundo hable. Lo único que debe interesarte es hacer la voluntad de Dios. En cuanto a lo que la gente quiere, no puedes agradar a todo el mundo, y el esfuerzo de intentarlo no vale la pena. Un solo momento en silencio ante la presencia de Dios compensará de modo más que suficiente cualquier calumnia que pueda lanzarse contra ti. Debes aprender a amar a otras personas sin esperar una amistad de su parte. Las personas tienden a ser bastante volubles: nos aman y nos dejan, vienen y van. Cambian de posición como una cometa al viento o una pluma que se deja llevar por la brisa. Que hagan lo que quieran; solo asegúrate de ver a Dios en ellas. No podrían hacerte nada sin el permiso de Dios, así que al final es Él quien nos prueba o nos bendice usando a las personas según nuestra necesidad.

CARTA 17

QUIETUD ANTE DIOS: NUESTRO VERDADERO TESORO

Cuando se trata de lograr cosas para Dios, descubrirás que la ambición, sentimientos de entusiasmo, la planificación cuidadosa, y tener la capacidad de expresarte bien no valen mucho. Lo importante es rendirse por completo a Dios. Podrás hacer cualquier cosa que Él quiera que hagas si caminas a la luz de la rendición total.

Vivir en esta bendición requiere una muerte continua que muy pocas personas conocen, pero es en esta postura en la que puedes ser realmente efectivo para Dios. Una sola palabra dicha a otra persona desde esta postura de descanso y abandono contribuirá más a cambiar circunstancias que todas nuestras ideas emocionantes y cuidadosamente planeadas. Y es que cuando hablas desde esta posición de abandono ante Dios, el que habla es el Espíritu de Dios, y la palabra que digas fuera de contexto no perderá nada de su fuerza y autoridad. Tal vez solo es una palabra, pero ilumina, persuade, bendice y mueve a la acción. Lo has conseguido todo y casi no has dicho nada. Por el contrario, si el viejo yo se sale con la suya, acabas hablando eternamente. Conversas sobre mil posibilidades diferentes, y siempre tienes miedo a no decir o hacer lo suficiente. Te enojas, te emocionas, te cansas, te distraes, y finalmente no consigues nada.

Digo esto porque he notado que tienes tendencia a hablar de los problemas en lugar de rendirte a Dios y dejarlos a sus pies. Y será mejor para ti, tanto físicamente como espiritualmente, que lo dejes todo en las manos de Dios.

Como dice el dicho: "Que el pasado quede en el pasado". No puedes hacer que los hombres dejen de ser hombres. Las personas siempre serán débiles, vanidosas, poco confiables, injustas, hipócritas y arrogantes. El mundo siempre será eso: el mundo; y no podemos cambiarlo. Las personas seguirán persiguiendo sus propias inclinaciones y hábitos; y como tú no puedes cambiar sus personalidades, el mejor curso de acción es dejar que sean como son y tener paciencia con ellas. No te permitas a ti mismo estar afligido y perplejo cuando veas a personas siendo irracionales e injustas. Descansa en paz en el regazo de Dios. Él lo ve todo más claramente que tú, y aun así lo permite. Por lo tanto, conténtate con hacer lo que sientas que debes hacer, con cuidado y sin hacer ruido, y no te preocupes por nada más.

CARTA 18

LAS VERDADERAS AMISTADES SE FUNDAMENTAN SOLAMENTE EN DIOS

Debemos contentarnos con los amigos que Dios nos da, sin tomar decisiones egoístas por nuestra cuenta. Lo correcto es que se haga su voluntad, no la nuestra. Mejor aún, su voluntad se *convertirá* en nuestra voluntad sin reservas, para que pueda llevarse a cabo en la tierra como en el cielo. Esto es mucho más importante que satisfacer nuestro ego. ¡Oh, cuán preciosas son nuestras amistades y cuán unidos estamos los unos a los otros cuando todos somos uno en Jesús! Cuán celestial es el compañerismo y las conversaciones cuando solo pensamos en Él y en su voluntad para nosotros. Por lo tanto, si quieres encontrar a tus verdaderos amigos, te diré dónde buscar. Comienza con Dios. Él es la única fuente de amistad verdadera y eterna. Cuando te sumerges en silencio en el regazo de Dios, estás más preparado para tener comunicación y amistad espirituales. Él lo es todo para el tipo de amigos que estás buscando. Ellos conversan sobre Él, viven por Él, y toda su vida está enfocada en Él. Por eso te digo que te sumerjas en su regazo; ahí está la verdadera amistad. Sin importar los medios de convivencia que tengas, todos serán suplidos en el regazo de Dios. Incluso si esos amigos te fallan, aun así podrás confiar en Dios.

CARTA 19

LA CRUZ, FUENTE DE DELEITE

Empatizo contigo en todos tus sufrimientos, pero sé que entiendes que debemos cargar la cruz con Cristo durante esta vida fugaz. Pronto, el tiempo dará lugar a la eternidad y nuestro sufrimiento habrá terminado. Pronto, Dios secará nuestras lágrimas con sus propias manos, el dolor y la angustia huirán para siempre, y reinaremos con Cristo. Pero mientras se nos permita vivir este momento fugaz de prueba con Cristo, no perdamos de vista la gloria de la cruz. Si tenemos que sufrir, hagámoslo en silencio y con humildad. El ego es el que siempre exagera nuestras dificultades y nos hace creer que son más grandes de lo que realmente son. No prestes atención a las quejas del ego. Una cruz que se carga con sencillez, sin la interferencia del ego que le añade peso, no es realmente tan mala. Si sufrimos por Jesús porque lo amamos, no solo estaremos contentos a pesar de la cruz, sino también por causa de ella. El amor se goza por la oportunidad de sufrir por el Amado, y la cruz que nos moldea a su imagen es un lazo de amor que nos consuela.

CARTA 20

NO TE ANGUSTIES POR CONOCER MEJOR TU EGO O POR NO SENTIR NADA

Elevo mi oración a Dios para que este nuevo año esté lleno de gracia y bendiciones para ti. No me sorprende oír que ya no disfrutas de rememorar y meditar como lo hacías la primera vez que te recuperabas de tu tiempo de sufrimiento. Todo cambia. Las personas de disposición alegre, acostumbradas a mucha actividad, pronto se refugian en la soledad y la inactividad (y ese fue tu caso, ¿no es cierto?). De hecho, fue esa misma actitud y disposición que mostraste la que me preocupó por cómo reaccionarías al estar confinado y pasar a vivir una vida tranquila. En esos "buenos tiempos" nada parecía imposible para ti. Decías, como Pedro: "¡Bueno es para nosotros que estemos aquí!". Pero a menudo nos ocurre lo mismo que le ocurrió a él. ¡Decimos eso porque no sabemos de lo que hablamos! (ver Marcos 9:5-6). En nuestros momentos de disfrute sentimos que podemos hacer cualquier cosa, y en los momentos de tentación y desánimo pensamos que no podemos hacer nada. Y esas dos ideas son erróneas.

Pero ahora que estás regresando a tu antigua manera de ser, no deberías angustiarte si se te hace más difícil meditar. Creo que la causa de eso estaba oculta en tu interior, incluso cuando estabas sufriendo y te volviste tan celoso con la meditación. Simplemente eres una persona muy activa y animosa por naturaleza. Lo único que te hacía anhelar una vida tranquila era tu cansancio y agotamiento. Sin embargo, ahora que las cosas están regresando a la normalidad, no temas perder el terrero que ganaste durante tu sufrimiento. Porque al ser fiel a Dios, la vida altruista de rendición que Él te reveló se convertirá gradualmente en una parte permanente de tu vida más activa. Durante tu sufrimiento solo la probaste, pero ahora se convertirá en un principio por el cual vivirás. Dios te dio esa experiencia para que pudieras ver hacia dónde te estaba guiando, y ahora te quita la intensidad de esa experiencia para que seas consciente de que ni siquiera la experiencia te pertenece. Debes darte cuenta de que por ti mismo no puedes obtener o mantener una experiencia como esa. Es un regalo de la gracia que se debe pedir con humildad.

Por eso, no te sorprendas al descubrir que de nuevo te vuelves sensible, impaciente, arrogante y egoísta. Debes entender que esa es tu disposición natural, y que sin la gracia de Dios nunca serás algo diferente. "Debemos cargar con el yugo de la confusión diaria por nuestros pecados", dijo San Agustín. Debemos conocer y sentir nuestras debilidades, nuestra maldad y nuestra inhabilidad para corregirnos a nosotros mismos. Debemos perder la esperanza en nosotros y no tener esperanza si no es en Dios; sin embargo, debemos tener paciencia con nosotros mismos, nunca halagarnos, y nunca desperdiciar una oportunidad para corregirnos.

Debemos entender la clase de personas que somos realmente mientras esperamos a que Dios nos cambie. Debemos humillarnos ante su mano poderosa y ser sumisos y manejables en cuanto notemos cualquier tipo de resistencia en nuestra voluntad. Mantente en silencio todo el tiempo que puedas. No tengas prisa para juzgar y considera a fondo tus decisiones, así como lo que te gusta y no te gusta. En tu diario vivir, detente de inmediato cuando te des cuenta de que vas con demasiada prisa, y no te apresures demasiado ni siquiera por cosas buenas. Tómate tu tiempo.

CARTA 21

SOPORTAR CON AMOR LAS IMPERFECCIONES DE LOS DEMÁS

Ha pasado mucho tiempo desde la última vez que te escribí, pero déjame asegurarte que sigo igual de apegado a ti a través de nuestro Señor. De hecho, estoy aún más apegado ahora, y quiero con todo mi corazón que tengas el mismo gozo y la misma paz en tu hogar que al principio. Es bueno recordar que hasta las mejores personas dejan mucho que desear, y no debemos esperar demasiado de ellas. Tenemos que ser muy pacientes con los errores de los demás. Las personas más perfectas del mundo tienen muchas imperfecciones, y nosotros también. A veces es difícil tolerarnos los unos a los otros, pero debemos *sobrellevad las unos las cargas de los otros, y cumplid así la ley de Cristo* (ver Gálatas 6:2), y yo creo que esto significa, entre otras cosas, soportar el peso de las imperfecciones los unos de los otros. Aprender a estar callados, orar, y seguir rendidos al Señor, ayuda mucho a tener relaciones pacíficas y armoniosas con los demás. Debemos negarnos a participar de la crítica y la envidia que nos hacen difíciles de soportar. ¡La realidad es que nos ahorraríamos muchos problemas si viviéramos en esa sencillez! ¡Dichoso el que no presta atención a sus propios juicios apresurados ni al chisme de los demás!

Conténtate con vivir una vida sencilla. Sé obediente y carga con tu cruz diaria. La necesitas, y es la misericordia de Dios la que te la da, porque Él sabe lo mucho que necesitas la disciplina. Debes aprender a despreciar el egoísmo de tu propio corazón y estar dispuesto a ser despreciado por los demás, si Dios lo permite. Aprende a sacar tu fuerza y alimento solamente de Jesús. San Agustín dijo que su madre vivía en oración, y a mí me gustaría que tú hicieras lo mismo. Muere a todo lo demás. No hay otro modo de vivir esta vida cristiana que muriendo constantemente a uno mismo.

CARTA 22

LA GRACIA DE DIOS QUITA EL MIEDO A LA MUERTE, NO NUESTRA PROPIA VALENTÍA

No me sorprende en lo más mínimo saber que últimamente estás pensando en la muerte cada vez más. ¡Supongo que es bastante natural a medida que envejecemos y nos debilitamos! O por lo menos esa ha sido mi experiencia. Llegamos a un punto en la vida en el que nos vemos forzados a pensar en el final inevitable que se acerca, y cuanto más mayores e inactivos nos hacemos, más acabamos pensando en este asunto. Tal vez nos gustaría poder sacar estos pensamientos de nuestra cabeza, pero te recuerdo que Dios utiliza esta clase de pensamientos para que no nos engañemos acerca de cuán valientes somos al enfrentarnos a la muerte. Es bueno pensar seriamente en la muerte para mantenernos conscientes de nuestras debilidades humanas y seguir humildes en las manos de Dios.

Nada nos humilla más eficazmente que los pensamientos angustiosos sobre la muerte. Aun en medio de este tipo de meditaciones, con frecuencia nos encontramos preguntándonos qué pasó con toda la fe y la certeza que pensábamos que teníamos. Pero esta experiencia es buena para nosotros. Es la prueba de humildad en la que nuestra fe echa raíces al ser probada, y vemos otra vez nuestras debilidades y nuestra indignidad, llegando a entender de nuevo nuestra necesidad de la misericordia continua de Dios. Ante sus ojos, ningún hombre que esté vivo podrá justificarse (ver Salmos 143:2). Sí, los cielos no están limpios ante sus ojos (ver Job 15:15), y todos ofendemos muchas veces a los demás (ver Santiago 3:2). Vemos nuestras faltas y no nuestras virtudes, y así debería ser, porque es muy peligroso fijarnos en nuestras virtudes, no vaya a ser que seamos engañados para pensar que no necesitamos la misericordia de Dios.

Cuando llegamos a estar en el valle, donde la fe y la certeza nos son arrebatadas, solo podemos hacer una cosa. Debemos seguir adelante, atravesando el valle, caminando con el Pastor igual que lo hicimos antes de entrar a ese valle. Mientras lo atravesamos, lidiemos con todo pecado que el Señor nos revele, caminando en la luz que Él nos muestre. Por otro lado, ten cuidado de volverte demasiado sensible solo por estar pensando en la muerte. El Señor no quiere que te preocupes por cosas que realmente no importan. Debemos mantener la paz, y no sentir lástima de nosotros mismos por estar cerca la muerte. En cambio, mantengamos una actitud desapegada hacia la vida, entregándola en sacrificio a Dios y confiando en Él en rendición. Cuando estaba muriendo, a San Ambrosio le preguntaron si no tenía miedo de enfrentarse a Dios en el juicio. Él respondió con estas palabras inolvidables: "Tenemos un Maestro bueno". Debemos recordarnos eso a nosotros mismos.

Hay mucha incertidumbre en cuanto a la muerte, incluso para el cristiano. No sabemos con certeza cómo nos juzgará Dios, y tampoco podemos estar seguros acerca de nuestro propio carácter. Sin embargo, no estoy diciendo esto para hacer tambalear tu fe. Lo que intento mostrarte es que dependemos por completo de su misericordia. Como dijo San Agustín, debemos estar tan reducidos que no tengamos nada que presentar ante Dios sino "nuestra propia maldad y su misericordia". Estamos tan perdidos en nuestros pecados que ninguna otra cosa sino su misericordia podría salvarnos. Pero, gracias a Dios, ¡su misericordia es lo único que necesitamos!

Además, en estos tiempos de depresión, lee cualquier cosa que fortalezca tu confianza y afirme tu corazón. *Ciertamente es bueno Dios para con Israel, para con los limpios de corazón* (Salmos 73:1). Oremos juntos para ser aquellos de corazón limpio que tanto le agradan, y que lo hacen ser tan compasivo y comprensivo con nuestros fracasos.

CARTA 23

SER SENSIBLES A LA REPRIMENDA ES LA SEÑAL MÁS SEGURA DE QUE LA NECESITAMOS

Ciertamente quiero que tengas paz interior, pero creo que ya sabes que esta paz no existe sino para los que son humildes; y la verdadera humildad no existe si no la produce Dios en toda situación. Esto es especialmente cierto en aquellas situaciones en las que alguien que no está de acuerdo contigo te acusa de algo, o cuando tú mismo te das cuenta de tus propias debilidades. Pero sería bueno que te acostumbraras a ambos tipos de prueba porque te enfrentarás a ellas una y otra vez.

Cuando ni las correcciones de los demás ni tu oposición interna te sacuden, es una buena señal de humildad dada por Dios. Como los niños pequeños, sabemos muy bien que quienes nos corrigen tienen razón, pero también reconocemos con humildad el hecho de que no podemos hacer las correcciones necesarias nosotros solos. Sabemos lo que somos, y no tenemos esperanzas de ser mejores si no es a través de la misericordia de Dios. Las reprimendas de los demás, por muy bruscas e insensibles que puedan llegar a ser, parecen ser menos de lo que realmente merecemos. Si te rebelas y te irritas, debes entender que esa irritabilidad ante la corrección es peor que todas tus demás faltas juntas. Y sabes que la corrección no te hará más humilde de lo que ya eras. Tener resentimiento interior por recibir corrección solo muestra cuán profundamente necesaria es la corrección en nuestras vidas. De hecho, no sentirías el aguijón de la corrección si el viejo yo estuviera muerto. Por lo tanto, cuanto más duele la corrección, más comprobamos cuán necesaria es.

Te ruego que me perdones si he dicho algo demasiado severo, pero por favor, no dudes de mi afecto por ti. Recuerda que lo que te estoy diciendo no viene de mí sino de Dios. Y es la mano de Dios la que me usa en toda mi torpeza para asestar un golpe doloroso al ego que tantos problemas te causa. Si yo te he causado dolor, recuerda que el dolor es la prueba de que he tocado un punto sensible. Simplemente ríndete ante Dios, conténtate con todo lo que Dios te envíe, y pronto tendrás paz y armonía en tu alma.

Con frecuencia has hablado a otros acerca de la importancia de rendirse ante Dios. Ahora, es importante que hagas caso a tus propios consejos. Oh, cuán maravillosa gracia caerá sobre ti si aceptas como un niño toda la corrección y las reprimendas que Dios usa para humillarte y acercarte a la sumisión. Oro para que Él destruya por completo la vida egoísta en ti, para que ya no exista.

CARTA 24

SOLAMENTE LA IMPERFECCIÓN ES INTOLERANTE CON LA IMPERFECCIÓN

Me parece que debes ser de gran corazón cuando se trata de las imperfecciones de los demás. Sé que no puedes evitar fijarte en esas imperfecciones cuando están delante de tus ojos, y tampoco puedes impedir que surjan en tu mente opiniones involuntarias sobre los demás. ¡Y nadie negará que las imperfecciones de los demás nos causan muchos inconvenientes! Sin embargo, si estás dispuesto a ser paciente con las imperfecciones, eso es suficiente, ya sean graves o no tan graves. No te permitas a ti mismo dar la espalda a las personas debido a sus imperfecciones.

Si hay algo que caracteriza la perfección es que es capaz de tolerar las imperfecciones de los demás; es capaz de adaptarse. La perfección es todo para todos. En ocasiones, encontramos los defectos más sorprendentes en las personas buenas, pero no deberíamos sorprendernos. Es mejor dejar estas faltas a un lado y que Dios lidie con ellas en su tiempo. Si lidiamos nosotros con ellas, terminaremos arrancando el trigo junto con las malas hierbas. Me he dado cuenta de que Dios deja, hasta en las personas más espirituales, ciertas debilidades que parecen estar fuera de lugar. Eso es cierto para todos nosotros. Todos necesitamos ser rápidos en reconocer nuestras propias imperfecciones y dejar que Dios lidie con ellas.

En cuanto a ti, trabaja para ser paciente con las debilidades de los demás. Por experiencia sabes cuán doloroso es ser corregido, así que trabaja duro para que sea menos amargo para los demás. Aun así, no estoy diciendo que corrijas demasiado a otras personas. Ese no es tu problema. Más bien el problema viene al alejarte cuando descubres fallos en otras personas y tiendes a dejar de relacionarte con ellas. Ese es el problema que debes solucionar.

Ahora, después de todo eso, te pido más que nunca que no escatimes conmigo si necesito corrección. Aunque menciones un fallo que realmente no exista, no me habrás hecho daño. Si tu corrección me hace daño, entonces mi irritabilidad simplemente demuestra que tocaste un punto sensible en mi vida. Pero si no hay irritabilidad ni resentimiento, por lo menos me habrás hecho un bien excelente al probar mi capacidad de ser humilde y mantenerme acostumbrado a las reprimendas. Debido a que ocupo una posición de responsabilidad dentro de la iglesia, creo que soy todavía más responsable que otros de ser humilde. Dios requiere que haya muerto a todo. Lo necesito, y tú también, y confío en que nuestra necesidad mutua sea razón para cimentar y no debilitar nuestra relación en el Señor.

CARTA 25

DEBERÍAMOS ESCUCHAR A DIOS Y NO A NUESTRO EGO

Te ruego que no escuches a tu ego. El amor al ego susurra en uno de tus oídos y el amor a Dios en el otro. El amor al ego no vale nada y es siempre agresivo, avaricioso e impulsivo. El amor a Dios, sin embargo, es muy diferente. Es simple y pacífico, y cuando habla lo hace con una voz calmada y tranquila. En el momento en que decides escuchar la voz del ego que te grita sus quejas al oído, ya no puedes escuchar los susurros del amor divino. La voz del ego es muy fácilmente distinguible. El ego siempre quiere entretenerse a sí mismo y nunca se siente bien atendido. Habla sobre las amistades, el aprecio y la estima, y no quiere escuchar nada que no sea un halago. El amor de Dios, sin embargo, desea que el ego desaparezca y sea reducido a nada para que Dios pueda ser tu todo. Dios sabe que lo mejor para ti es que el ego sea aplastado bajo tus pies y se quebrante como un ídolo para que Él pueda vivir en ti y moldearte a su imagen.

Por lo tanto, silencia a ese parlanchín quejumbroso (el ego) para que en el silencio de tu alma puedas escuchar a Dios.

CARTA 26

LA CONFIANZA TOTAL ES EL CAMINO MÁS CORTO A DIOS

No tengo ninguna duda de que Dios te considera uno de sus amigos; si no fuera así, no te confiaría tantas cruces, sufrimientos y humillaciones. Las cruces son el medio que tiene Dios de acercar a las almas a sí mismo, y estas cruces cumplen sus propósitos mucho más rápida y eficazmente que todos nuestros esfuerzos personales juntos. Las cruces destruyen de raíz el amor al ego, en lo profundo del espíritu humano donde apenas podemos detectarlo. Pero Dios sabe dónde está escondido y lo ataca donde más le duele.

Si tenemos la fe y la valentía suficientes para ponernos por completo en las manos de Dios y seguirlo dondequiera que Él nos lleve, no tendremos necesidad de estirarnos y esforzarnos por alcanzar la perfección. Sin embargo, como somos tan débiles en la fe y siempre nos detenemos por el camino para hacer preguntas, nuestro camino es más largo y nos demoramos en el desarrollo espiritual. Espero que veas cuán importante es que te entregues a Dios lo más completamente posible, y sigas haciéndolo hasta tu último aliento. Y no tengas miedo; Él nunca te dejará.

CARTA 27

NO HAY QUE TOMAR DECISIONES EN MOMENTOS DE TENTACIÓN Y ANGUSTIA

Las aflicciones desbordantes que atraviesas en este momento son como los ríos de agua que corren por las calles después de una tormenta repentina. Lo único que puedes hacer es esperar a que las aguas drenen y desaparezcan. Este es un tiempo de gran confusión para ti, y nada parece tener sentido. Imaginas cosas que no son ciertas en absoluto, pero esa es la reacción normal ante un gran sufrimiento. Aunque tienes una mente muy despierta, Dios te está permitiendo estar ciego a lo que hay inmediatamente delante de ti, y te permite pensar que ves con claridad, cuando realmente solo has tenido espejismos espirituales. Ahora bien, sé que quieres hacer la voluntad de Dios, y está claro que Él será glorificado si eres fiel en rendirte a sus planes, pero no hay nada menos sabio que tomar decisiones importantes en este tiempo de aflicción. Un estado de aflicción nunca produce nada que venga de Dios.

Mi consejo, por lo tanto, es el siguiente: cuando todo se haya calmado, toma tus decisiones cuidadosamente y comienza a cumplir la voluntad de Dios tal cual la veas. Sé que este tiempo de aflicción te ha resultado difícil, pero comienza ya a regresar a la devoción, la sencillez y el altruismo. Conversa con Dios, y deja que Él te hable. No prestes atención a tu ego. Cuando estés en esa clase de relación con Dios, puedes hacer lo que haya en tu corazón. Sé que esa clase de espíritu sometido no te permitirá dar un paso incorrecto.

Estoy seguro de que puedes ver cuán peligroso es tomar decisiones cuando estamos bajo el peso de la aflicción y bajo la influencia de tentaciones violentas. Esa es una forma segura de desviarse. Pregúntale a cualquier consejero experimentado; estoy seguro de que te dirá que no tomes ninguna decisión hasta que te hayas calmado. También te dirá que el modo más fácil de engañarte a ti mismo es confiar en tu capacidad para tomar decisiones en un tiempo de sufrimiento. En un momento como ese, tu mente está demasiado alterada como para ser confiable.

Sé que piensas que debes tomar esta decisión ahora o nunca, y sin duda pensarás que intento impedir que hagas lo que debiera hacerse. ¡Nada más lejos de la realidad! En lo que se refiere a esta decisión, no siento que sea mi responsabilidad darte permiso o intentar obstaculizarte. Tan solo quiero darte consejos que te mantengan en una relación correcta con Dios. Y creo que está muy claro que estarías tomando la decisión incorrecta si actuaras solo porque han herido tu ego y estás al borde de la desesperación. ¿Acaso es correcto tomar cualquier decisión simplemente por agradar al ego cuando esa no es la voluntad de Dios? ¡Por supuesto que no! Por lo tanto, te aconsejo encarecidamente que esperes a estar en mejores condiciones para aceptar el consejo del Señor. Y la única manera en que podemos beneficiarnos de su consejo es seguir dispuestos a sacrificar cualquier cosa por su causa, sin importar cuánto hiera nuestro ego.

CARTA 28

SI TIENES AMOR, LO TIENES TODO

Desde ayer he pensado mucho en los asuntos por los que me escribiste, y tengo cada vez más confianza en que ciertamente Dios te sostendrá en este tiempo de sufrimiento. Por supuesto, entiendo cuán difícil es para ti esperar en Dios y hacer todas las cosas que solías hacer, pero sé tan fiel como puedas. Sabes que una persona enferma, aunque no tenga apetito, debe comer para seguir con vida. Una persona que esté pasando por un tiempo de aflicción como tú, aunque no tenga ganas de hacerlo, debe buscar su sustento en Dios. Creo que sería de ayuda si pudieras ocasionalmente tomar unos momentos con tu familia para compartir tus sentimientos con libertad y tener comunión cristiana. Llegados a este punto, no te preocupes demasiado por tus sentimientos. Me alegra decirte que Dios no espera una respuesta emocional concreta de tu parte. Lo único que Él pide es que permanezcas fiel. Prefiero pensar que la fidelidad que no se acompaña de una respuesta emocional agradable es mucho más pura y confiable que una que depende de las emociones tiernas. La fe fundamentada en la emoción descansa sobre una base muy cambiante.

Lo único que Dios desea es un poco de lectura y meditación cada día. Por este medio, Él te dará la luz y la fortaleza para hacer todos los sacrificios que Él requiere. Ámalo, y te liberaré de todas las demás obligaciones, porque todo lo demás vendrá como consecuencia del amor.

Por favor, entiende esto sobre el amor. No te pido un amor tierno y emocional; solo pido que tu voluntad se incline hacia el amor, y que decidas amar a Dios independientemente de cuáles sean tus sentimientos. Los deseos corruptos que encuentres en tu corazón no importan; si tomas la decisión de amar a Dios más que a tu ego y más que al mundo entero, Él estará contento.

CARTA 29

ES PREFERIBLE SER DÉBIL QUE SER FUERTE, Y ES MEJOR ACTUAR QUE SABER

Me han dicho, mi querido hijo en el Señor, que estás sufriendo por la enfermedad. Quiero que sepas que sufro contigo porque te amo entrañablemente, pero no puedo sino adorar a nuestro maravilloso Señor que te permite ser probado de ese modo. Y es mi oración que tú le adores junto conmigo. Nunca debemos olvidar aquellos días en los que estabas tan lleno de vida y energía, y no hay duda de que eso marcó tu salud. Prefiero pensar que el sufrimiento que ahora atraviesas es la consecuencia natural de la presión tan alta que tienes en tu vida.

En este tiempo de debilidad física, oro para que seas cada vez más consciente de tu debilidad espiritual. No es que quiera que sigas siendo débil, sino que elevo mi oración para que mientras el Señor ministra a tu cuerpo con sanidad y nuevas fuerzas, también lo haga con fortaleza para tu alma y esa debilidad sea finalmente conquistada. Pero debes entender que no puedes hacerte fuerte hasta que antes hayas sido consciente de tu debilidad.

¡Es asombroso cuán fuertes nos volvemos cuando entendemos cuán débiles somos! En la debilidad es cuando podemos admitir nuestros errores y corregirnos a nosotros mismos al confesarlos. En la debilidad, nuestra mente está abierta a la sabiduría de los demás; y es en la debilidad cuando no tenemos autoridad alguna, pero decimos las cosas con más sencillez y consideración por los demás. En la debilidad no nos oponemos a ser criticados, y nos sometemos fácilmente a la censura. Al mismo tiempo, no criticamos a nadie a menos que sea absolutamente necesario. Damos consejos solamente a aquellos que lo desean, e incluso entonces hablamos con amor y sin ser dogmáticos. Hablamos desde un deseo de ayudar y no desde un deseo de crearnos una reputación de sabios.

Es mi oración que Dios te mantenga fiel por su gracia, y que Aquel que comenzó la buena obra en ti la perfeccione hasta el día de Jesucristo (ver Filipenses 1:6). Sin embargo, debemos ser pacientes con nosotros mismos (aunque sin halagarnos), utilizando siempre todos los métodos posibles para sobreponernos a los pensamientos egoístas y las inconsistencias que tenemos en nuestro interior. De este modo, nos haremos más susceptibles a la guía del Espíritu Santo en la práctica del evangelio. Pero tenemos que dejar que esta obra espiritual sea hecha en nosotros de forma silenciosa y pacífica, no como si pudiera hacerse todo en un día. Además, debemos mantener un balance entre aprender y hacer. Debiéramos pasar mucho más tiempo haciendo. Si no tenemos cuidado, emplearemos una parte tan grande de nuestra vida en acumular conocimiento, que necesitaremos otra vida para poner en práctica nuestro conocimiento. Corremos el peligro de evaluar nuestra madurez espiritual teniendo como base la cantidad de conocimiento que hemos adquirido.[2] Sin embargo, el hecho es que la educación, en lugar de ayudar al ego a morir, solo alimenta al viejo hombre y lo llena de orgullo por sus éxitos intelectuales. Por lo tanto, si quieres avanzar hacia la madurez espiritual, no confíes en tu propia capacidad o conocimiento. La humildad delante de Dios y la desconfianza en el viejo hombre, acompañadas de la sencillez, son virtudes fundamentales para ti.

---

2. Este parece ser uno de los errores más comunes y graves que los cristianos pueden cometer. Dios es el dador de la sabiduría, y Él desea que la pongamos en práctica; sin embargo, en cuanto adquirimos conocimiento nos dejamos llevar por la alegría de tenerlo y olvidamos que debemos hacer algo con él. La realidad es que no tenemos mucho por lo que alegrarnos en nuestra vida hasta que ponemos en acción nuestro conocimiento. Jesús dijo: "Ven, pero no perciben; oyen, pero no entienden". La comida, si se queda en el estómago pero no se digiere, no solo no beneficia al cuerpo, también será perjudicial si no se elimina. Solo cuando se asimila, se incorpora al torrente sanguíneo y se distribuye a las manos, pies y cabeza, podemos decir que nos ha hecho algún bien. Por eso, tener entendimiento acerca de las verdades bíblicas en el plano intelectual es algo por lo que debemos dar gracias, pero será nuestra condena si no se atesora en el corazón y se pone en práctica en la vida. Recuerda siempre que lo que Dios quiere de nosotros no es conocimiento sobre el camino, sino practicarlo. No luz, sino amor. Porque si comprendo todos los misterios y todo el conocimiento, pero no tengo amor, no soy nada (ver 1 Corintios 13:2) —El editor

CARTA 30

CUIDADO CON EL ORGULLO DEL RAZONAMIENTO; EL VERDADERO CAMINO AL CONOCIMIENTO ES EL AMOR

Tus circunstancias están ocupando demasiado espacio en tu mente, y eso te impide entender la mente de Dios. Y lo que es todavía peor, veo que tiendes demasiado a la argumentación y el razonamiento. Esta tendencia al razonamiento excesivo me asusta bastante porque creo que es un gran obstáculo para la meditación tranquila y silenciosa en la cual Dios se revela a sí mismo. Debes aprender a ser humilde, sencillo, y a estar separado sinceramente de los caminos de los hombres. Cuando estés en la presencia de Dios, quédate callado y tranquilo, y no razones con Él. Te doy estos consejos porque tus amigos más influyentes son personas tan secas, críticas y racionales que te obstaculizan en tu vida interior. Aunque hayas decidido no aceptar consejos espirituales de ellos, sus razonamientos infinitos sobre preguntas que no tienen respuesta podrían alejarte de Dios de manera increíblemente imperceptible, y finalmente sumergirte en las profundidades de la incredulidad. Señalo este peligro porque antes de convertirte eras una persona muy racional, y los hábitos que marcaron nuestra vida se reavivan fácilmente. Las presiones sutiles que nos hacen regresar a nuestra posición original son muy difíciles de detectar porque son naturales para nosotros. Por eso, ten mucho cuidado de no retomar hábitos del pasado por inocentes que puedan parecer. Desconfía de ellos; podrías estar comenzando a hacer algo que te destruiría.

No he tenido tiempo libre para dedicarlo al estudio desde hace cuatro meses atrás. Aunque disfruto mucho de estudiar, no me importa dejarlo y no aferrarme a nada si esa es la voluntad de Dios. Puede que durante el próximo invierno tenga algo de tiempo para estar en mi biblioteca; pero, incluso entonces, entraré en ella cautelosamente y con un pie en la puerta, listo para dejarla cuando Dios me diga que lo haga. Creo que la mente necesita ayunar igual que el cuerpo. Tú sabes lo mucho que disfruto escribiendo y hablando, pero ahora mismo no tengo deseo ni de escribir, ni de hablar, ni de que hablen de mí, ni de razonar, ni de persuadir a nadie. Podría parecer un estilo de vida un tanto aburrido para algunas personas, y es cierto que tengo mi parte de problemas, pero sí que consigo escaparme de todo y disfrutar de vez en cuando. Soy un hombre dichosamente libre, e intento hacer lo que siento que el Señor me lleva a hacer cada día. Por supuesto, los que intentan averiguar dónde estaré y cuándo, están bastante confundidos. ¡Dios los bendiga! No intento desesperarlos, pero me mantengo firme en la libertad que tengo en el Señor. Les diría, como le dijo Abraham a Lot: *¿No está toda la tierra delante de ti? Yo te ruego que te apartes de mí. Si fueres a la mano* *izquierda, yo iré a la derecha; y si tú a la derecha, yo iré a la izquierda* (Génesis 13:9).

Dichoso el hombre libre; pero solamente el Hijo de Dios puede hacernos verdaderamente libres. Él puede hacerlo rompiendo todas las cadenas. ¿Cómo lo hace? Con la espada que divide a esposo y esposa, a padres e hijos, o a hermano y hermana. No hay ninguna persona en el mundo que pueda impedirnos hacer la voluntad de Dios. Si permitimos que el mundo nos obstaculice, nuestra supuesta libertad es solo una palabra y será capturada tan fácilmente como un pájaro cuya pata está atada al suelo. Puede parecer que es libre, y si el hilo es lo suficientemente fino ni siquiera se verá. Si es lo suficientemente largo, el pájaro hasta podría volar un poco, pero seguiría siendo un prisionero. Espero que entiendas lo que quiero decir, porque la libertad que quiero que disfrutes es mucho más valiosa que todo lo que te da miedo perder.

Quiero que seas fiel poniendo en práctica todo aquello que sabes, para que se te pueda confiar más. No confíes en tu intelecto. ¡Te ha confundido muchas veces! Mi propio intelecto es tan impostor que ya no cuento con él. Sé sencillo y firme en tu sencillez. Recuerda que *la apariencia de este mundo se pasa* (1 Corintios 7:31), y nosotros desapareceremos con ella si nos hacemos iguales a ella. La Palabra de Dios, sin embargo, nunca pasará, y nosotros tampoco si prestamos atención a ella y la ponemos en práctica.

De nuevo te advierto que tengas cuidado con los filósofos y los grandes educadores del mundo. Siempre intentarán engañarte. Sé que tienes motivaciones buenas y quieres hacerles algún bien relacionándote con ellos, pero debo advertirte que ellos te harán más daño a ti que el bien que tú puedas hacerles. Pasan el tiempo hablando de asuntos triviales y nunca llegan al conocimiento de la verdad. Tienen un deseo codicioso de conocimiento que no puede ser saciado. Son como esos conquistadores que destruyen el mundo sin poseerlo. Acumulan mucho conocimiento, pero sin la esperanza de ponerlo en práctica jamás. Salomón sabía mucho de eso por su propia experiencia, y testifica acerca de la vanidad de acumular conocimiento.

Estoy convencido de que todo lo que hacemos debería estar bajo la guía de Dios. No deberíamos estudiar a menos que Él nos guíe a hacerlo. Y si Él nos está guiando al estudio, entonces meditemos en nuestros estudios hasta de camino al supermercado; pongamos todo nuestro corazón en ello. Y estudiemos sin olvidarnos de orar; no podemos olvidar que Dios es verdad y amor. Solo podremos conocer la verdad en la proporción en la que conozcamos el amor. Cuando amamos la verdad, la entendemos bien, pero si no amamos el amor, entonces no lo conocemos. Aquel que ama mucho y se mantiene humilde es el Amado de la Verdad que está viva. Él no solo sabe más que los filósofos, sino que sabe más de lo que ellos desean saber. Es mi oración que obtengas el conocimiento que está reservado para los niños y los de mente sencilla, y que permanece oculto a los sabios y entendidos (ver Mateo 11:25).

CARTA 31

NO HAY QUE RECHAZAR LOS DONES DE DIOS POR EL CANAL QUE LOS HACE LLEGAR

Me alegra que hayas encontrado un amigo que te ayude en tu tiempo de necesidad. Las maneras que tiene Dios para proveernos son tan bellas como misteriosas. Él pone lo que quiere donde quiere. Naamán no pudo ser sanado por todas las aguas que había en Siria, así que tuvo que lavarse en las aguas de Israel. No cuenta para nada cómo llegue nuestra ayuda; lo importante es la fuente, no el canal. Dios siempre usa los mejores canales, sin duda, y para nosotros el mejor canal es el que más ejercita nuestra fe, humilla nuestra sabiduría humana, nos mantiene sencillos y humildes, y nos recuerda nuestra dependencia de Dios. Por lo tanto, acepta lo que Dios te esté dando sin tener en consideración el canal a través del cual haya llegado tu ayuda, teniendo plena certeza de tu dependencia del Espíritu Santo que se mueve como Él quiere. Es imposible saber de dónde viene o a dónde va (ver Juan 3:8). Muchas veces, Dios envía ayuda de maneras misteriosas y no debemos intentar entender los secretos de Dios. Solo debemos ser obedientes a lo que Él nos haya revelado.

El razonamiento en exceso es un gran impedimento para la vida espiritual, y tú sabes que los hombres de este mundo que tienen mucha educación siempre están aplacando las demandas de su conciencia por medio del razonamiento para evitar lo que saben que es correcto, igual que el viento extingue una vela. Después de estar un tiempo con personas así, te das cuenta de que hasta tu propia alma se ha resecado y ha perdido el norte. Cuídate de relacionarte con esa clase de personas; es muy peligroso, especialmente para ti.

Algunas de estas personas tan cultas aparentan disfrutar de la meditación espiritual, pero no te dejes engañar por las apariencias. Es fácil confundir la curiosidad intelectual con el hambre espiritual. Debes entender que los hombres que son impulsados por el hambre intelectual en realidad están persiguiendo algún objetivo mundano. Les mueve el deseo. Siempre están involucrados en debates y razonamientos, pero no saben nada de la paz interior y el silencio que escucha a Dios. Menciono a estas personas porque son más peligrosas que las demás. Es mucho más probable que sus disfraces te engañen, pero creo que si les haces las preguntas correctas verás que son inquietos, críticos, controladores, mundanos, bruscos, egoístas con sus deseos, quisquillosos, llenos de sus propios pensamientos, e impacientes con cualquiera que les contradiga. En resumen, son entrometidos espirituales que se molestan por todo, y casi siempre molestan a los demás.

CARTA 32

LA POBREZA Y LA PRIVACIÓN SON EL CAMINO DE JESÚS

Todas las tentaciones que se crucen en tu camino demuestran quién eres realmente; pero Dios, que te ama, no permitirá que tus tentaciones sobrepasen tu fortaleza. En cambio, Él usará la tentación para contribuir a tu desarrollo espiritual.

Sin embargo, déjame advertirte acerca del deseo de estar mirando siempre al interior para ver tu progreso o cuán fuerte te estás volviendo. La mano de Dios es invisible, y no siempre podrás ver lo que Él está haciendo, pero ten por seguro que es muy eficaz en todo lo que hace. Casi todo lo que Él hace, sin embargo, lo hace en secreto. Esto es bueno. No creo que llegáramos a morir nunca al ego si Él nos mostrara siempre lo que está haciendo en nuestro interior. Si realmente entendiéramos su obra santificadora y las virtudes espirituales que nos brinda, podríamos llenarnos de orgullo; pero ese no es el camino de Dios. En lugar de mostrarnos lo que está haciendo, Él obra en la oscuridad y a través de la privación, la desnudez y la muerte.

¿Qué dijo Jesús? ¿Dijo acaso: "Si alguien quiere seguirme, que disfrute, vista bien, se embriague de gozo (como Pedro en el monte), esté contento por su madurez espiritual, vea cuán perfecto es en mí, se mire a sí mismo y sepa que es perfecto"? No, nunca dijo nada así. Por el contrario, sus palabras fueron estas: *Si alguno quiere venir en pos de mí, niéguese a sí mismo, y tome su cruz, y sígame* (Mateo 16:24).

Por lo tanto, mantente receptivo al ministerio de Cristo y permítele despojar al amor propio de todo adorno hasta que quede desnudo y expuesto. Entonces podrás renunciar al yo y recibir la túnica blanqueada por la sangre del Cordero, que es la pureza de Jesús. Qué alegría para el alma que ya no posee nada propio, ni siquiera tiene cosas prestadas, y que se rinde a Jesús no deseando otra gloria que no sea de Él. Un alma purificada de este modo es como una novia a punto de casarse. Cuán hermosa es cuando deja todo a un lado y llega al altar sin llevar nada más que a sí misma. ¡Oh, sagrada novia, cuán hermosa eres cuando llegas a Jesús sin nada propio! El Novio estará más que contento contigo cuando te vea vestida de su belleza. Su amor por ti no tendrá límite, porque estarás vestida con su santidad.

Quiero que prestes mucha atención a lo que he dicho y lo creas con fe. Tal vez esta verdad te resulte amarga, ¡e incluso te cause indigestión espiritual! Pero tu espíritu recibirá alimento si aceptas la verdad acerca de la muerte al yo, que es la única vida verdadera que existe. Por lo tanto, cree esto y no le prestes atención al ego. El viejo hombre está lleno de trucos y es más sutil que la serpiente que engañó a Eva. Qué alegría para el alma que se niega a escuchar al yo, se niega a cuidar de él, y en cambio escucha a Dios.

CARTA 33

LA VOLUNTAD DE DIOS ES NUESTRO ÚNICO TESORO

Es mi deseo que te rindas sin reservas al Señor Jesús; una rendición que no se considere "bastante decente", sino una entrega que sea completa, sin ocultar nada por muy querido que sea. Si te entregas de ese modo no te engañarás a ti mismo, pero si tienes reservas secretas no solo te estás engañando a ti mismo, sino que también te expones a ser engañado por el diablo.

Además, debes decidir ser igual de humilde y sencillo cuando estés afuera, en la sociedad, que cuando estés en tu cuarto de oración. Nunca hagas nada solamente porque parezca lógico o porque es lo que te gusta hacer. Cualquier cosa que hagas debe estar sometida al Espíritu de vida y muerte (lo llamo así porque Él es el Espíritu de muerte al ego y vida en Dios). Ten mucho cuidado con el gran entusiasmo, pues incluso eso debe estar bajo el control del Espíritu Santo. Cuando seas tentado a dudar, ten cuidado con buscar la certeza en tu interior. ¡No hay certeza excepto en Dios! Ten cuidado también con esperar cosas mejores. Incluso cuando el presente sea amargo, es suficiente si es la voluntad de Dios. Su voluntad es nuestro único tesoro. Si el ego está triste por las circunstancias presentes, ¡no busques compensarlo con las expectativas del futuro! Cuando nos mimamos así a nosotros mismos, merecemos encontrarnos cara a cara con la decepción. Aceptemos todo lo que Dios nos envíe con una mentalidad humilde, sin hacer preguntas, y siendo estrictos con nosotros mismos. Deja que Dios haga su obra en ti y enfócate en vivir una vida altruista en todo momento, como si cada momento fuera toda la eternidad.

CARTA 34

LA RENDICIÓN NO ES UN SACRIFICIO HEROICO, SINO SIMPLEMENTE ESTAR EN LA VOLUNTAD DE DIOS

Tu única tarea, mi querida hija, es ser fuerte en la fe sin considerar cuáles sean tus debilidades. "Cuando soy débil —dice Pablo —soy fuerte" (ver 2 Corintios 12:10). La fortaleza se perfecciona en la debilidad (ver 2 Corintios 12:9). Nuestra fuerza en el Señor es proporcional a la debilidad que vemos en nosotros mismos. Por lo tanto, tu debilidad resultará ser tu mayor fortaleza si la aceptas con humildad.

En ocasiones, somos tentados a creer que debilidad y humildad no son compatibles con una vida de rendición, y se debe a que tendemos a pensar en la rendición como algo grande que hacemos cuando queremos mostrarle a Dios cuánto lo amamos y que estamos dispuestos heroicamente a sacrificarlo todo. Sin embargo, rendirse de verdad a Dios no tiene nada que ver con eso.

Déjame explicarte lo que es la verdadera rendición. Es simplemente descansar en el amor de Dios, como descansa un pequeño bebé en los brazos de su mamá. Si realmente estás rendido, ¡deberías incluso estar dispuesto a dejar de estarlo si es lo que Dios quiere! Renunciamos a nosotros mismos y, sin embargo, Dios nunca nos dice cuándo la obra está completa. Si lo supiéramos ya no estaría completa, porque ¡no hay nada que alimente el ego como saber que está completamente rendido!

Rendirse no es hacer cosas grandes y heroicas de las que el yo pueda presumir, sino aceptar lo que Dios nos envía y no querer cambiarlo (a no ser que su voluntad sea que cambie). Estar completamente rendido es estar completamente en paz. Si estamos inquietos y preocupados por las cosas a las que previamente renunciamos, no estamos rendidos genuinamente. Rendirse es la fuente de la paz verdadera; si no tenemos paz es porque no nos hemos rendido por completo.

CARTA 35

SOPORTAR LA MUERTE SUSTITUYE A LA MUERTE FINAL

Los cristianos debemos cargar nuestra cruz. En mi opinión, ¡el yo es la cruz más grande de todas! No podemos deshacernos del peso de esa cruz hasta que seamos conscientes de que no podemos hacer nada para remediar nuestra condición, lo único que podemos hacer es tolerarnos a nosotros mismos como hacemos con nuestro prójimo, y rendirnos a Dios. Si nos rendimos y morimos al yo cada día de nuestra vida, no habrá mucho que hacer el último día que nos quede por vivir. Si no permitimos que las preocupaciones del amor al yo exageren estas incertidumbres, las incertidumbres de la muerte no nos causarán temor cuando llegue nuestro momento. Sé paciente con tus propias debilidades, y permanece dispuesto a recibir ayuda de tu prójimo. ¡Al final descubrirás que estas pequeñas muertes diarias destruirán por completo el dolor de nuestra muerte final!

CARTA 36

EL SUFRIMIENTO ES DE LOS VIVOS, NO DE LOS MUERTOS

Muchos son engañados al pensar que la muerte a uno mismo es la causa de la agonía que sienten. Aquello que está muerto, sin embargo, no agoniza. Mientras más completa y definitivamente muramos a nosotros mismos, menos dolor experimentaremos. La muerte es dolorosa solo para aquel que se resiste a ella. ¡El yo siempre se resiste a la muerte porque tiene un deseo intenso por vivir! La imaginación trabaja horas extra, exagerando los tonos de la muerte. El espíritu debate incansablemente defendiendo que lo más natural es dejar vivir al yo. El amor al yo lucha contra la muerte como un hombre enfermo que batalla por vivir; sin embargo, aunque el yo proteste, debemos morir internamente y también en lo externo. La sentencia de muerte es tanto para el espíritu como para el cuerpo. El cuerpo debe morir a causa del pecado, pero el espíritu debe morir al pecado y a sí mismo. Asegúrate de que tu espíritu muera primero (que muera a sí mismo), y entonces tu muerte corporal será tan pacífica como quedarse dormido. ¡Dichosos quienes duermen este sueño de paz!

CARTA 37

DIOS NOS DA GRACIA EN PROPORCIÓN A NUESTRAS PRUEBAS

Siento profunda empatía por tu ser querido que está sufriendo tanto. Y ciertamente aprecio la preocupación de todos esos amigos que Dios le ha enviado y que intentan ayudarle a cargar con su cruz. Dile que no pierda la fe en Dios. La gracia que Él da será directamente proporcional a la cantidad de sufrimiento que ella deba soportar. Nadie más puede hacer eso excepto el Creador que nos hizo y sabe cómo renovar nuestras fuerzas por medio de su gracia. Ninguno de nosotros es lo suficientemente sabio para distribuir correctamente sufrimiento y gracia al mismo tiempo. Para nosotros es imposible conocer la envergadura de nuestras pruebas futuras, y tampoco podemos ver la amplitud de los recursos que Dios está guardando en nosotros para que podamos enfrentar esas pruebas. Debido a que no podemos ver esas pruebas futuras ni saber la gracia que hará falta para enfrentarlas, somos tentados a desanimarnos y desesperarnos en medio de nuestras situaciones presentes. Vemos que se acercan las pruebas como si fueran grandes y sobrecogedoras olas en el océano, y nuestros corazones se llenan de temor al pensar en la posibilidad de ahogarnos. No nos damos cuenta de que Dios, con una mano que no tiembla, ha trazado los límites, y las olas no pueden traspasar esas líneas.

Muchas veces, Dios permite que seamos probados como lo hacen los mares tempestuosos. Dios agita el mar y hace que parezca que sus vientos recios amenacen con destruirnos. Sin embargo, Él está siempre cerca para decir: Hasta aquí llegarás, y no pasarás adelante (ver Job 38:11).

Fiel es Dios, que no os dejará ser tentados más de lo que podéis resistir (1 Corintios 10:13).

CARTA 38

RESISTIR A DIOS ES UN OBSTÁCULO EFICAZ DE LA GRACIA

Creo que sabes en lo profundo de tu corazón lo que Dios espera de ti, pero te estás resistiendo. Esa es la causa de todas tus angustias. Estás comenzando a pensar que es imposible para ti hacer lo que Dios te pide, pero debes ver ese pensamiento como realmente es: una tentación para abandonar la esperanza. Ahora bien, no está mal que pierdas la esperanza en ti mismo (¡el yo nunca mejorará!), pero nunca pierdas la esperanza en Dios. Él es bueno y todopoderoso, y te dará lo que necesites conforme a tu fe. Si crees que recibirás todo, todo será tuyo y hasta moverás montañas. Pero si crees que no recibirás nada, no recibirás nada y la culpa será solo tuya. ¡Mira a Abraham, que mantuvo la esperanza cuando no la había! (ver, por ejemplo, Romanos 4:17-18). Mira a María, que no dudó cuando se le hizo la propuesta más increíble del mundo, sino que exclamó: *Hágase conmigo conforme a tu palabra* (Lucas 1:38).

Por lo tanto, abre tu corazón a las riquezas de la gracia de Dios. Ahora estás tan encerrado en ti mismo, que no solo no tienes el poder de hacer lo que se espera de ti, sino que ni siquiera lo quieres tener. Realmente pareces tener miedo a lo que pudiera ocurrir si abres tu corazón para recibir la gracia de Dios en esta situación. Y ciertamente la gracia de Dios no puede llenar tu corazón cuando está completamente cerrado.

Lo único que te pido es que tengas un espíritu enseñable y lleno de fe, y que no prestes atención al ego. Simplemente confía y pon todo en las manos de Dios, sé humilde, y abre tu corazón para poder recibir su gracia. A través de la meditación y la oración recibirás paz, y todo obrará para bien en tu vida. Las cosas que parecían tan difíciles en medio de la tentación desaparecerán casi imperceptiblemente.

CARTA 39

DIOS HABLA MÁS EFICAZMENTE EN EL ALMA QUE AL ALMA

No hay nada que me produzca más satisfacción que verte vivir tan sencilla y pacíficamente. La sencillez trae consigo el gozo del paraíso. No es que tengamos solamente deleite y nada de sufrimiento, pero cuando estamos rendidos a Dios no nos desesperamos por alcanzar el deleite, e incluso recibimos nuestras dificultades con acción de gracias. Esta armonía interior, al haber sido hechos libres del temor y los deseos de nuestra propia naturaleza que nos atormentan, crea en nuestra alma una satisfacción que va más allá de todas las alegrías de este mundo juntas. Por lo tanto, conténtate con vivir en ese paraíso terrenal que Dios ha preparado para ti y cuídate de no abandonarlo para satisfacer el deseo vano de conocer el bien y el mal.

No caigas en los remordimientos cuando Dios te permita estar solo. Nunca estamos menos solos que en la compañía de un único amigo, y Dios es ese amigo. Nunca estamos menos abandonados que cuando Él nos carga en sus brazos eternos. Nada es más emotivo que saber que Dios se apresura a ayudarnos. Y cuando Dios envía ayuda a través de alguno de sus siervos, el valor de esa ayuda no se ve afectado en ninguna manera por el siervo, por muy malvado y espiritualmente estéril que pueda ser ese siervo. La ayuda viene de Dios, y es buena. Ahora bien, si Dios pusiera una verdadera fuente de su gracia en tu corazón, no habría necesidad de otros canales para hacerte llegar su gracia. Y eso es exactamente lo que Dios ha hecho. *Dios, habiendo hablado muchas veces y de muchas maneras en otro tiempo a los padres por los profetas, en estos postreros días nos ha hablado por el Hijo* (Hebreos 1:1-2). El Hijo de Dios, que vive en nuestra alma, es esa fuente de gracia. ¿Nos lamentaremos entonces porque la débil voz de los profetas antiguos cesó? ¡Lamentarse por eso es inútil! ¡Cuán pura y poderosa es la voz de Dios cuando habla al alma! Él siempre lo hace cuando otros canales de la gracia han sido cortados.

CARTA 40

LA CIRCUNCISIÓN DEL CORAZÓN

Nuestro entusiasmo por servir a los demás muchas veces surge de la mera generosidad natural en lugar de surgir de un amor cristiano verdadero. En ocasiones, servir a los demás parece un buen modo de que nuestro ego se convenza a sí mismo de su propia bondad, pero el servicio que no surge del amor verdadero pronto se volverá amargo. El amor verdadero es sencillo y no cambia en su actitud hacia su prójimo. Es humilde y nunca piensa en sí mismo. Debemos renunciar a cualquier cosa que sea incompatible con el amor divino.

Mediante la circuncisión del corazón (cortar con el egoísmo impuro) somos hechos hijos de la familia de la fe de Abraham. Y al igual que Abraham, podemos dejar nuestra tierra natal sin saber a dónde vamos. ¡Qué bendición vivir una vida así! Dejarlo todo y someternos al corte del bisturí de la circuncisión de Dios. ¿Quién podría hacer la tarea de cortar el pecado mejor que Él? Nosotros, con nuestras propias manos, nunca colocaríamos el bisturí en el lugar correcto. Cortaríamos solo un poco de la grasa, consiguiendo algunos cambios superficiales. No nos entendemos a nosotros mismos lo bastante bien para saber dónde cortar. Nunca podríamos encontrar el punto sensible, pero Dios lo hace con facilidad. Incluso aunque supiéramos dónde está localizado el punto exacto, nuestro amor al ego bloquearía el bisturí para salvarse a sí mismo, pues no tiene la valentía de herirse. Y, aunque hundiéramos el bisturí en ese punto vital, los nervios se volverían de hierro contra el dolor y apretaríamos los dientes para contrarrestar algo del dolor. Sin embargo, la mano de Dios golpea en lugares inesperados, ubica el lugar en el que se encuentra la infección, y no duda en cortarlo sin considerar cuál sea el dolor. ¡Cuán estridentes son los gritos del amor al ego! Bueno, dejemos que grite; pero no permitamos que interfiera en el éxito de la operación. Dios sabe que duele, pero lo único que pide es que te mantengas inmóvil bajo su bisturí y no te resistas a ninguno de los cortes.

Le tengo mucho aprecio a Juan el Bautista, que se olvidó por completo de sí mismo para pensar solamente en Jesús. Su objetivo solo apuntaba hacia Él. Él fue la voz de uno que clama en el desierto preparando su camino (ver Isaías 40:3). Envió a todos sus discípulos a Él. Y lo que le dio derecho a ser llamado el mayor entre aquellos que han nacido de mujer fue su disposición de magnificar a Jesús, no su vida solitaria y estricta (ver Mateo 11:11; Lucas 7:28).

ACERCA DEL AUTOR

François de Salignac de La Mothe-Fénelon (1651-1715) fue un arzobispo, teólogo y escritor francés cuyas excursiones a la vida contemplativa, en especial el quietismo apoyado por Madame Jeanne Guyon, causó controversia en la iglesia de su época. Sin embargo, sus escritos siguen siendo de aliento y una fuente de crecimiento espiritual para muchos cristianos en la actualidad.

Fénelon, que descendía de una larga dinastía de nobleza, comenzó sus estudios superiores en 1672 en el seminario Saint Sulpice en París. Fue ordenado sacerdote en 1676 y nombrado director de Nouvelles Catholiques ("Nuevos católicos"), una universidad para mujeres que enseñaban a conversas del protestantismo francés. Fénelon, aunque nunca apoyó el protestantismo, fue crítico con el trato tan severo hacia los *hugonotes* (protestantes franceses) y las muchas conversiones forzadas que se produjeron bajo el reinado de Luis XIV. Fénelon, sin embargo, realizaba reuniones abiertas con protestantes para compartir la doctrina católica en un entorno no amenazante.

La primera obra importante de Fénelon, *Traité de l'éduca-tion des filles* (Tratado sobre la educación de las muchachas), era conservadora en general, pero también sugería conceptos no coactivos para educar a las mujeres que eran muy innovadores para su época. Su segunda y más conocida obra, *Les Aventures de Télémaque* (Las aventuras de Telémaco), bosquejaba las ideas políticas de Fénelon mediante el relato de la búsqueda de Ulises por parte de Telémaco. Fue escrita durante el periodo que Fénelon pasó como tutor de Luis, Duque de Borgoña, el nieto y heredero de Luis XIV.